AF356789

COLLECTION DE Mᴿ T....

TABLEAUX

MODERNES

TABLEAUX MODERNES
Collection de M. T***
Vente en décembre.
M. Quévremont, commissaire priseur.
M. Bélanger, expert.

1 — André Édouard, Devant Paris, 1,670 fr
2 — Leloir, L'École vénitienne, 1,500 fr
3 — Beaumont H..., Petite Maison bulgare (Bulgarie)..., 580 fr
5 — Berne-Bellecour, Un bon moment, 1,750 fr
9 — Brown John-Lewis, La Rencontre, 8.0 fr
10 — Chaplin, Le Printemps, aquarelle, 1,040 fr
12 — Cart César de, Un Lavoir, 1 700 fr
14 — Courant Marine, 500 fr
15 — Desgoffe, Des Chasseurs, 2,300 fr
16 — Diaz, Paysage, fonte chêne, 2,110 fr
19 — Firmin-Girard, Les Laveuses de Crozat Loire, Aube, 1,080 fr
21 — Jacque (Charles, Moutons; intérieur, 1,415 fr
22 — Le même, Trois Moutons; pâturage, 730 fr
23 — Le même, Le Déjeuner des poules, 540 fr
27 — Langée..., Un petit secret dans les grands bois, 8.0 fr
29 — Lumières Chevaux dans une prairie; épisode guerre..., 580 fr
31 — Perret, La Tapisserie, 570 fr
33 — Pils, L'Aumône, 1,025 fr
37 — Penne (G. de) Chien, 570 fr
45 — Worms, Jeune Femme regardant des bijoux qu'elle retire d'une boîte, 1,100 fr
46 — Ziem, Bosphore, Constantinople, soleil couchant, ... fr

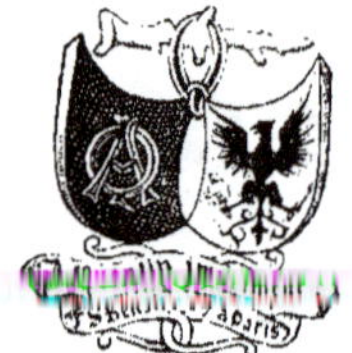

VENTE

Le Lundi 18 Décembre 1876

A TROIS HEURES PRÉCISES

HOTEL DROUOT, SALLE Nº 3

TABLEAUX

MODERNES

Collection de Mʳ T.....

<table>
<tr><td>COMMISSAIRE-PRISEUR</td><td>EXPERT</td></tr>
<tr><td>Mᵉ QUÉVREMONT</td><td>M. F. REITLINGER</td></tr>
<tr><td>Rue Richer, 46</td><td>Rue de Navarin, 1</td></tr>
</table>

EXPOSITIONS

<table>
<tr><td>PARTICULIÈRE</td><td>PUBLIQUE</td></tr>
<tr><td>Le Samedi 16 Décembre 1876</td><td>Le Dimanche 17 Décembre 1876</td></tr>
</table>

DE 1 HEURE 1/2 A 5 HEURES

CONDITIONS DE LA VENTE

Elle sera faite au comptant.

Les acquéreurs payeront en sus des adjudications 5 pour 100, applicables aux frais.

DÉSIGNATION

ANDRÉ (Edmond)

1. — Devant Patay.

Halte des zouaves de Charette; campagne de la Loire, 1870
(Salon 1875).

H., 0^m,50. L., 1^m,00.

ANDRÉ (Edmond)

2. — Jardinier se reposant sur le bord d'un bassin au parc
de Versailles.

H., 0^m,09 1/2. L., 0^m,16 1/2.

APPIAN (Ad.)

3. — Vue des bords de la Saône.

H., 0^m,33. L., 0^m,61.

BARILLOT (Léon)

4. — Herbage à Beuzeval (Calvados).

H., 0^m,28. L., 0^m,41.

BARON (Henri)

5. — L'Écheveau de laine.

H., 0^m,55. L., 0^m,45.

BARON (Henri)

6. — La Toilette.

H., 0^m,13. L., 0^m,10.

BEAULIEU (H. de)

7. — Petite Maison bulgare (Turquie d'Europe).

H., 0^m,40. L., 0^m,26.

BERNE-BELLECOUR (ÉTIENNE)

8. — Un Bon Moment.

H., 0m,12. L., 0m,21.

BROWN (JOHN-LEWIS)

9. — La Rencontre.

H., 0m,40. L., 0m,32

CHAPLIN (CHARLES)

10. — Le Printemps.

Aquarelle.

CHARNAY (ARMAND)

11. — Promenade sur le lac.

H., 0m,24. L., 0m,15.

COCK (César de)

12. — Un Lavoir.

H., 0^m,48. L., 0^m,68.

COURANT (Maurice)

13. — Marine.

H., 0^m,27. L., 0^m,46.

DECAMPS (Alexandre-Gabriel)

14. — Des Chasseurs.

H., 0^m,35. L., 0^m,26.

DETTI (Cesare)

15. — Grottaferrata (environs de Rome).

H., 0^m,50. L., 0^m,38.

DIAZ (Narcisse)

16. — Paysage (Fontainebleau).

H., 0^m,25. L., 0^m,35.

DURAND-BRAGER

17. — Port de mer.

H., 0^m,38. L., 0^m,68.

EGUSQUIZA (Rogelio de)

18. — Un Coin de Venise.

H., 0^m,13. L., 0^m,22.

FIRMIN-GIRARD

19. — Les Laveuses de Crozat (Loire).

H., 0^m,24. L., 0^m,34.

HUE (Charles)

20. — Un Chez-soi.

H., 0^m,24. L., 0^m,32.

JACQUE (Charles)

21. — Moutons ; intérieur.

H., 0^m,21. L., 0^m,25.

JACQUE (Charles)

22. — Trois Moutons ; plein air.

H., 0^m,13. L., 0^m,21.

JACQUE (Charles)

23. — Le Déjeuner des poules.

H., 0^m,16. L., 0^m,19.

JIMENEZ (Luïs)

24. — Rosina.

H., 0^m,24. L., 0^m,14.

JONGKIND

25. — Entrée du Port (Honfleur).

H., 0^m,31. L., 0^m,40.

JONGKIND

26. — Canal de Hollande ; soleil couchant.

H., 0^m,34. L., 0^m,45.

LANGEROCK (Henri)

27. — Un Petit Secret dans les grands bois.

H., 0^m,36. L., 0^m,54.

LUMINAIS (E.-V.)

28. — Chevaux dans une prairie. (Épisode gaulois.)

H., 0ᵐ,30. L., 0ᵐ,48.

MESGRIGNY (Franck de)

29. — Les Blanchisseuses.

H., 0ᵐ,20. L., 0ᵐ,32.

MORAGAS

30. — Italienne à la fontaine.

Aquarelle.

MORAGAS

31. — Italien aux ruines.

Aquarelle.

MOUCHOT (Louis)

32. — Intérieur de l'église Saint-Marc, le soir.

H., 0^m,65. L., 0^m,52.

PALLARÈS

33. — Au café. (Bois de Boulogne.)

H., 0^m,34. L., 0^m,23.

PECRUS (Charles).

34. — La Tapisserie.

H., 0^m,30. L., 0^m,23.

PILLE (Henry).

35. — L'Aumône.

H., 0^m,80. L., 0^m,65.

PELOUSE (L.-G.)

36. — Paysage.

H., 0m,45. L., 0m,60.

PENNE (Ch.-O. de)

37. — Chiens.

Aquarelle importante.

ROUGERON (Jules)

38. — Jeune Femme jouant de la mandoline.

H., 0m,22. L., 0m,27.

SIMONETTI (Attilio)

39. — Pique-nique aux environs du couvent de Monte-Luce Perugia.

H., 0m,13. L., 0m,19.

SIMONETTI (Ettore)

40. — Rue dans les environs de Rome.

Aquarelle.

SIMONETTI (Ettore)

41. — Rue dans les environs de Rome.

Aquarelle.

VEYRASSAT (J.-J.)

42. — Cheval de halage.

H., 0m,27. L., 0m,36.

WAHLBERG (Alfred)

43. — Marine.

H., 0m,15. L., 0m,19.

VIBERT (G.-J.)

44. — La Maja.

Dessin à la plume.

WEISZ (Adolphe)

45. — Jeune Femme regardant des bijoux qu'elle retire d'une boîte.

H., 0^m,28. L., 0^m,23.

ZIEM (Félix)

46. — Bosphore, Constantinople, soleil couchant.

Œuvre capitale.

H., 0^m,82. L., 1^m,32.

PARIS. — Impr. J. CLAYE. — A. QUANTIN et Cⁱᵉ, rue Saint-Benoît. — [2143]